BEI GRIN MACHT SICH IHR WISSEN BEZAHLT

AF141772

- Wir veröffentlichen Ihre Hausarbeit,
  Bachelor- und Masterarbeit

- Ihr eigenes eBook und Buch -
  weltweit in allen wichtigen Shops

- Verdienen Sie an jedem Verkauf

Jetzt bei www.GRIN.com hochladen und kostenlos publizieren

Björn Berg

Xerox Parc. Die missglückte Computerrevolution

GRIN Verlag

Bibliografische Information der Deutschen Nationalbibliothek:

Die Deutsche Bibliothek verzeichnet diese Publikation in der Deutschen National-
bibliografie; detaillierte bibliografische Daten sind im Internet über http://dnb.d-
nb.de/ abrufbar.

Impressum:

Copyright © 2012 GRIN Verlag GmbH
Druck und Bindung: Books on Demand GmbH, Norderstedt Germany
ISBN: 978-3-656-57541-2

Dieses Buch bei GRIN:

http://www.grin.com/de/e-book/266805/xerox-parc-die-missglueckte-computerre-
volution

GRIN - Your knowledge has value

Der GRIN Verlag publiziert seit 1998 wissenschaftliche Arbeiten von Studenten, Hochschullehrern und anderen Akademikern als eBook und gedrucktes Buch. Die Verlagswebsite www.grin.com ist die ideale Plattform zur Veröffentlichung von Hausarbeiten, Abschlussarbeiten, wissenschaftlichen Aufsätzen, Dissertationen und Fachbüchern.

Besuchen Sie uns im Internet:

http://www.grin.com/

http://www.facebook.com/grincom

http://www.twitter.com/grin_com

Hochschule für Oekonomie und Management
Essen

Berufsbegleitender Studiengang zum
M.A. IT-Management
3. Semester

Seminararbeit im Fach Interdisziplinäre Aspekte der Informatik

Xerox PARC
Die missglückte Computerrevolution

Dozent: Prof. Dr.-Ing. Torsten Finke
Autor: Björn Berg (285557)

Mülheim an der Ruhr, 13. Januar 2013

Inhaltsverzeichnis

Abbildungsverzeichnis   **II**

Abkürzungsverzeichnis   **III**

1 Einführung in die Thematik   **1**

2 Retrospektive zum Xerox PARC   **2**

    2.1 Die Entwicklung des PARC von 1970 bis 1980 2

        2.1.1 Gründungszeit 2

        2.1.2 Der erste Laserdrucker 3

        2.1.3 Der Kampf um den ersten PC 4

        2.1.4 Die Erfindung des Ethernet 5

        2.1.5 Moderne Anwendungsprogramme 6

        2.1.6 Die Krisenjahre 6

        2.1.7 Neuausrichtung des Palo Alto Research Center (PARC) 7

    2.2 Analyse der Managementfehler 8

        2.2.1 Fehler in der Unternehmensführung 8

        2.2.2 Fehler bei den Führungskräften 9

        2.2.3 Fehler im Krisenmanagement 9

3 Gründe für typische Managementfehler   **11**

    3.1 Die Komplexität unternehmerischer Entscheidungen 11

    3.2 Umgang mit komplexen Situationen 12

    3.3 Komplexe Situation bei Xerox 13

4 Fazit und Ausblick   **15**

Literaturverzeichnis   **17**

Abbildungsverzeichnis

2.1 Chronologische Übersicht über entwickelte Programme und Computer . . . 3

3.1 Typen von Entscheidern 13

3.2 Druck auf Xerox 14

Abkürzungsverzeichnis

Arpanet Advanced Research Projects Agency Network

CAD Computer-aided design

CAM Computer-aided manufacturing

CEO Chief Executive Officer

CSMA Carrier sense multiple access

EARS Ethernet, Alto, RCG, SLOT

FTC Federal Trade Commission

IBM International Business Machines

IP Internet Protocol

IPX Internetwork Packet eXchange

MIT Massachusetts Institute of Technology

NASA National Aeronautics and Space Administration

PARC Palo Alto Research Center

PC Personal Computer

Pup PARC Universal Packet-Protocol

RCG Research Character Generator

SDD System Development Department

SDS Scientific Data Systems

Sil Simple Illustrator

SLOT Scanned Laser Output Terminal

TCP Transmission Control Protocol

USD US-Dollar (Währung)

WYSIWYG What you see is what you get

1 Einführung in die Thematik

Zur Diversifikation am Markt und als Einstieg in das Geschäft mit der elektronischen Datenverarbeitung hat der Fotokopiererhersteller Xerox in den 70er-Jahren ein Forschungsinstitut namens Palo Alto Research Center (PARC) gegründet, in dem eine völlig neue Form der Verwendung von kleinen und leistungsfähigen Computern, die untereinander durch ein Computernetzwerk verbunden sind, entstanden ist[1]. Dennoch sind die verwendeten Techniken nicht von Xerox, sondern Unternehmen wie Apple, Microsoft und 3Com erfolgreich vermarktet worden. John Seely Brown, heutiger Direktor am PARC, schreibt dazu: *„Over the next decade[2], PARC researchers were responsible for some of the basic innovations of the personal-computer revolution – only to see other companies commercialize these innovations more quickly than Xerox"[3]*.

Anfang der 80er-Jahre hat Xerox mit der Xerox-8010-Workstation versucht, die Erfindungen des PARC, wie die grafische Benutzeroberfläche, die Maus, eine objektorientierte Programmiersprache namens Smalltalk und das Ethernet in einem Produkt zu vermarkten; dies wurde zu einem riesigen Misserfolg[4].

Die vorliegende Arbeit untersucht die historischen Tatsachen und analysiert die gravierenden Probleme bei der Muttergesellschaft Xerox und dem Forschungszentrum PARC. Der Arbeit liegen drei Leitfragen zugrunde:

1. Welche Managementfehler haben die technische Revolution unterdrückt?

2. Was können andere Unternehmen bzw. Manager aus diesen Fehlern lernen?

3. Wieso wiederholen sich Managementfehler?

Dazu wird im Kapitel 2 zunächst ein historischer Ablauf anhand der entstandenen Technologien gegeben. Berücksichtigt werden dabei nur die für die Untersuchung wichtigen Jahre 1970 bis 1980. Die aus dem historischen Abriss ersichtlichen Managementfehler werden anschließend analysiert. Im Kapitel 3 werden Gründe für typische Managementfehler genannt und anhand von wirtschaftspsychologischen Untersuchungen wird aufgezeigt, warum sich bestimmte Fehler immer wiederholen werden. Zum Abschluss wird ein Fazit gezogen und es werden prägnante Antworten für die Leitfragen formuliert.

---

[1]Vgl. Friedewald (1999), S. 237.
[2]Gemeint sind die Jahre von 1970 bis 1980 (Anmerkung des Verfassers).
[3]Vgl. Brown (1991), S. 102; Friedewald (1999), S. 328.
[4]vgl. Patalong (2001); Patterson (1997).

2 Retrospektive zum Xerox PARC

2.1 Die Entwicklung des PARC von 1970 bis 1980

Im Folgenden wird die Geschichte des PARC von 1970 bis 1980 beschrieben und anschließend werden die Managementfehler analysiert, die dafür gesorgt haben, dass das PARC als einer der Begründer der wichtigsten Informationstechnologien in der Öffentlichkeit in Vergessenheit geraten ist.

2.1.1 Gründungszeit

Xerox ist ein Unternehmen, das sich auf die Herstellung von Fotokopierern spezialisiert hat und dessen ganzer Erfolg auf einem Produkt, dem Modell 914, beruht. 1969 sucht Xerox nach einer Möglichkeit zur Diversifizierung und zum Eintritt in neue Geschäftsfelder rund um die elektronische Datenverarbeitung, denn zu diesem Zeitpunkt ist abzusehen, dass das Geschäft mit Fotokopierern durch die aufkommende Computertechnologie verwundbar ist. Im Rahmen der Bemühungen wird das Unternehmen Scientific Data Systems (SDS) erworben, das allerdings *„nicht das attraktivste Computer-Unternehmen [ist]"*[5]. SDS besitzt im Gegensatz zum damaligen Marktführer IBM gute Geschäftsbeziehungen zur NASA und ist beschränkt auf Computer für wissenschaftliche und technische Anwendungen. Die Technologie, die mit dem Kauf von SDS erworben worden ist, hat wenig Bezug zu Xeroxs Kerngeschäft, so dass vom Xerox Management beschlossen wird, ein Forschungszentrum für Digitaltechnologie zu gründen[6].

Das PARC wird 1970 in Palo Alto gegründet und neben Ingenieuren und Computer-Wissenschaftlern werden auch Philosophen und Anthropologen angeheuert[7]. In seiner Hochzeit arbeiten am PARC 360 Beschäftigte[8]. Aufgabe des PARC ist es fortan, die Vision des Chief Executive Officer (CEO) von Xerox, Peter McColough, zu realisieren: In Zukunft *„[wird] Xerox eine Reihe von Produkten herstellen, die miteinander verbunden sein [werden], um den Informationsfluss zu beschleunigen und die Kommunikation zu verbessern"*[9]. Diese Vision wird mit dem Begriff „Architektur der Information" betitelt. Die Forscher sind sich bewusst, dass die geplanten Informationssysteme aus einer Vielzahl heterogener Hard- und Softwarekomponenten bestehen werden, die über standardisierte Protokolle

---

[5]Kearns/Nadler (1993), S. 58.
[6]Vgl. Friedewald (1999), S. 238 f.; Kearns/Nadler (1993), S. 58
[7]Vgl. ebd., S. 59.
[8]Vgl. Friedewald (1999), S. 243.
[9]Ebd., S. 239; vgl. Kearns/Nadler (1993), S. 105.

und Verfahren miteinander kommunizieren bzw. verbunden sein werden[10]. Aus diesen Verbesserungen sollten marktfähige Produkte entstehen. Mit dem Wissen über elektronische Datenverarbeitung von SDS sollten diese die Bürokommunikation revolutionieren und Xerox dabei helfen, neue Marktgebiete erfolgreich zu erschließen.

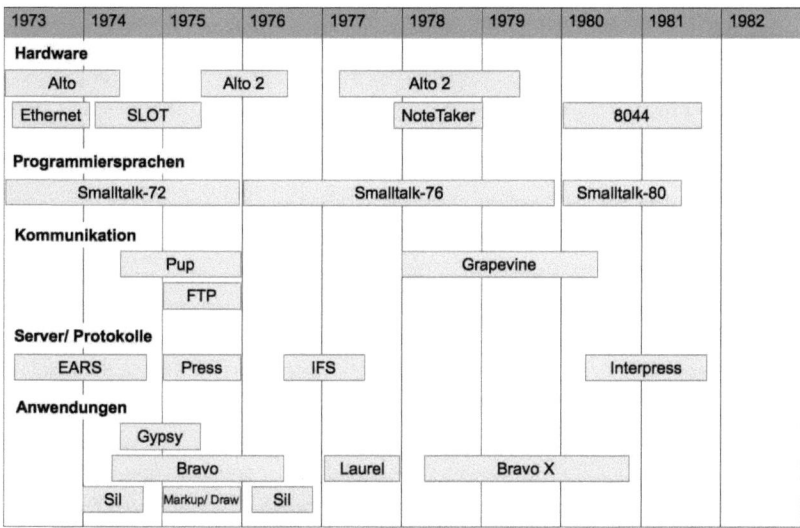

Abbildung 2.1: Chronologische Übersicht über entwickelte Programme und Computer
In Anlehnung an: Friedewald (1999), S. 262[11]

2.1.2 Der erste Laserdrucker

Bereits 1971 wird der erste Prototyp eines Laserdruckers unter dem Namen Scanned Laser Output Terminal (SLOT) entwickelt. Um aus dem Prototypen ein brauchbares Peripheriegerät für Computer zu machen, wird das Drucksystem EARS entwickelt, das neben dem Drucker auch einen Druckserver und einen Ethernet-Anschluss umfasst[12].

EARS bekommt eine druckerunabhängige Schnittstelle mit der Bezeichnung „Press", die beliebige Grafiken verarbeiten kann und eine Systematik zur Benennung von Schriften besitzt. Press soll die Grundlage für neuartige Text- und Grafikverarbeitungsprogramme bilden; die Idee wird von den Entwicklern aber verworfen[13].

---

[10]Friedewald (1999), S. 239; Redant (2001); Stillich (2008).
[11]Vgl. Friedewald (1999), S. 262.
[12]Vgl. ebd., S. 294.
[13]Vgl. ebd., S. 295; Redant (2001).

So entsteht 1973 am PARC der erste Laserdrucker. Basis für den Laserdrucker ist der Xerox Kopierer vom Typ 3600. Diese Technik wird von der Muttergesellschaft Xerox erfolgreich vermarktet[14] und vom PARC weiterentwickelt, so dass die Laserdrucker später im Hochperformancedruck mit mehr als 135 Seiten/Minute eingesetzt werden können[15].

2.1.3 Der Kampf um den ersten PC

Zeitgleich mit der Entwicklung des Laserdruckers wird im April 1973 ein billiger und leistungsfähiger Prototyp eines Minicomputers gebaut, der den Namen „Alto" trägt. Er wird in den 70er-Jahren kontinuierlich verbessert. Weder die Unternehmensführung von Xerox, noch die Leitung des PARC haben die Absicht, den „Alto" als Produkt auf den Markt zu bringen[16]. Er dient nur als Experiment, um die Visionen zur Nutzung des Computers im Bereich der Bürokommunikation zu evaluieren.

Der „Alto" hat bereits eine grafische Benutzeroberfläche, die Texte und Grafiken als Pixelmuster (Bitmaps) anzeigen kann. Bedient wird der Computer mittels Maus und Tastatur. Dabei ist das Konzept der Ur-Maus verbessert worden, so dass sich auch diagonale Bewegungen vollziehen lassen, indem die Bewegungsrichtung statt über zwei unten angebrachte Räder über eine Kugel abgetastet wird.

Der Computer wird soweit optimiert, dass er sich in kleiner Serie fertigen lässt und an die verschiedenen Labore des PARC ausgeliefert werden kann. Allerdings entsteht erst 1974 das Betriebssystem „Alto OS" und bis 1975 haben die Forscher alle notwendigen Werkzeuge erstellt, um Anwendungen für den „Alto" programmieren zu können[17].

Im Jahr 1977 treffen einige Manager die Entscheidung, die bisherigen technologischen Errungenschaften der Projekte rund um den „Alto" in ein marktfähiges Produkt zu verwandeln. Allerdings dauert es bis 1980 bis auch die Finanzabteilung überzeugt werden kann, dass sich das Projekt wirtschaftlich rechnet und ein entsprechendes Budget zur Verfügung stellt[18]. Allerdings haben der „Alto" und das ab 1980 verfügbare und ausgereiftere Modell „Star", das als Xerox-8010-Workstation verkauft wird, einen Makel: Beide Geräte funktionieren nur mit anderen Xerox-Geräten reibungslos[19]. Von der Xerox-8010-Workstation werden aufgrund von immer wieder auftretenden Produktionsengpässen und Inkompatibilitäten nur 25.000 Exemplare gebaut und verkauft[20].

Gegen eine Million Dollar in Apple-Aktien verschafft sich Steve Jobs 1979 Zutritt zum PARC und lässt sich auf mehrmaliges Verlangen seinerseits die Entwicklungen im Bereich der grafischen Oberfläche zeigen[21]. Später wird er die Ideen und Konzepte der grafischen Benutzeroberfläche aufgreifen, für den Macintosh adaptieren und weiter verbessern. Anfang

[14]Vgl. Stillich (2008).
[15]Vgl. Kincade (1995).
[16]Vgl. Friedewald (1999), S. 261; Kearns/Nadler (1993), S. 110.
[17]Vgl. Friedewald (1999), S. 261 ff.; Vgl. Redant (2001).
[18]Vgl. Smith/Alexander (1989), S. 246 ff.
[19]Vgl. Kearns/Nadler (1993), S. 110.
[20]Vgl. Hartmann (2011).
[21]Vgl. Isaacson (2011), S. 123; Stillich (2008)

des Jahres 1984 stellt Apple dann den Macintosh der Öffentlichkeit vor. Die neue Art einen Computer mittels Maus und grafischer Benutzeroberfläche zu bedienen, wird begeistert aufgenommen[22].

2.1.4 Die Erfindung des Ethernet

Im Jahre 1972 stößt Robert Metcalfe zum PARC. Metcalfe hat am MIT als Student an den Netzwerkentwicklungen mitgearbeitet und seine erste Aufgabe am PARC ist es, den Time-Sharing-Computer „Maxc" an das Arpanet anzuschließen, einem Vorläufer des heutigen Internets[23]. Inspiriert von einem Aufsatz über das „ALOHAnet", das verschiedene Institute auf Hawaii über Funk mit dem Time-Sharing-Computer der Universität in Honolulu verbindet, beginnt er auf Basis des „ALOHAnet" sein eigenes Modell zu entwickeln. Sein Verfahren wird im PARC im lokalen Netzwerk angewendet und trägt die Bezeichnung „Carrier sense multiple access (CSMA)"[24].

Auf Basis von CSMA entwickelt Metcalfe ein Netzwerk, das speziell auf den „Alto" zugeschnitten ist. Als Transportmedium kommt die bitserielle Übertragung über ein einfaches Koaxialkabel zum Einsatz, denn neben seinen geringen Materialkosten besitzt es auch den Vorteil, dass es sich gut gegen Störungen abschirmen lässt. Bezugnehmend auf die Äthertheorie bei Funkverbindungen, wird das Kabel als passives Medium für die Ausbreitung digitaler Signale betrachtet und bekommt den Namen „Ethernet"[25].

Im Juni 1973 übergibt Metcalfe eine ausführliche Darstellung seiner Ideen an die Patentabteilung von Xerox, aber erst im März 1975 wird das Patent für das Ethernet angemeldet und schlussendlich im Dezember 1977 erteilt. Das Ethernet findet bei der Öffentlichkeit zunächst wenig Interesse, denn Time-Sharing-Systeme sind immer noch populär und eine Bandbreite von 10 Mbit/s wird zu diesem Zeitpunkt noch als Bandbreitenverschwendung angesehen[26].

1982 erfindet Metcalfe mit seinem eigenen Unternehmen 3Com und dem Produkt „Ether-Link" das Ethernet neu[27]. Im Zuge der Entwicklung des Ethernets wird am PARC auch das PARC Universal Packet-Protocol (Pup) entwickelt. Bei Pup handelt es sich um ein experimentelles Protokoll, das auf Flexibilität und eine offene Architektur ausgelegt ist. Obwohl Pup ein Internet-Protokoll ist, das weitgehend mit dem später entwickelten TCP/IP identisch ist, wird sein Durchbruch durch die langjährige Geheimhaltung verhindert. In den 80er-Jahren wird Pup zum „Xerox Network System" weiterentwickelt und dient in vereinfachter Form Novells IPX als Grundlage[28].

---

[22]Vgl. Isaacson (2011), S. 123; Stillich (2008).
[23]Vgl. Port (1999), S. 20.
[24]Vgl. Friedewald (1999), S. 280 f.
[25]Vgl. ebd., S. 282.
[26]Vgl. ebd.
[27]Vgl. ebd., S. 286; Stillich (2008).
[28]Vgl. Friedewald (1999), S. 286 ff.; Port (1999), S. 21.

2.1.5 Moderne Anwendungsprogramme

Am PARC sind Textverarbeitungsprogramme und Grafikprogramme mit grafischer Benutzeroberfläche entwickelt worden. Im Gegensatz zu anderen bereits am Markt existierenden Produkten hat sich das PARC am Herstellungsprozess für Druckerzeugnisse orientiert: „Zunächst muß der Autor das Manuskript erstellen, das dann im zweiten Schritt formatiert bzw. gesetzt und schließlich gedruckt wird"[29]. Aus dieser Idee entsteht zwischen 1974 und 1976 das Textverarbeitungsprogramm „Bravo", dessen Merkmal die Darstellung des Dokuments mit verschiedenen Schriftarten und Schriftstilen auf dem Bildschirm ist und die weitgehend mit dem Ausdruck des Dokuments auf dem Laserdrucker übereinstimmt (WYSIWYG-Konzept)[30].

Das Konzept von „Bravo" fließt in die Entwicklung von „Microsoft Word" ein, als einer der tragenden Entwickler, Charles Simonyi, 1979 zu Microsoft wechselt[31].

Unter dem Namen „Gypsy" wird eine verbesserte Textverarbeitung programmiert, die auf Bravo basiert, aber die Benutzerschnittstelle weiter vereinfacht, um Laien ohne Übung die Bedienung zu ermöglichen. „Gypsy" kann sich am PARC nicht durchsetzen und die Entwicklung wird 1975 eingestellt[32].

Im Bereich der Grafikverarbeitung entwickelt das PARC die Anwendungen „Markup", ein leistungsfähiges Programm zur Fotobearbeitung, und Simple Illustrator (Sil), ein ebenso leistungsfähiges CAD-Programm, das mit Hilfe von weiteren kleinen Programmen zu einem CAD/CAM-System ausgebaut werden kann[33].

In der Öffentlichkeit fehlt all diesen Programmen die Akzeptanz, denn die Forscher haben sie nicht für Sekretärinnen und Sachbearbeiter entworfen, sondern für Ingenieure und Informatiker[34]. Trotz grafischer Benutzeroberfläche ist die Bedienung komplex und meist kryptisch. Beispielsweise verbergen sich die Funktionen der verschiedenen Programme entweder als kontextsensitive Popup-Menüs (Sil, Markup) oder sind als Menüleiste in der Anwendung (Bravo, Gypsy) untergebracht. Ein übergreifendes Benutzer-Erlebnis ergibt sich für den Anwender nicht; der Lerneffekt bleibt aus und ein schneller Einstieg in ein anderes Programm ist nicht möglich.

2.1.6 Die Krisenjahre

1975 gründet Xerox am PARC das System Development Department (SDD) mit der Aufgabe, die bisherigen Entwicklungen zu koordinieren und eine marktfähige Workstation für das

[29]Friedewald (1999), S. 297.
[30]Vgl. ebd.; Redant (2001).
[31]Vgl. Allen (2011), S. 184 ff.; Friedewald (1999), S. 239 u. 302.
[32]Vgl. ebd., S. 305.
[33]Vgl. ebd., S. 308 f.
[34]Vgl. ebd., S. 310; Redant (2001).

Büro zu konstruieren. Im Rahmen der Neugründung wird das 1969 akquirierte Unternehmen SDS aufgelöst. Während das Personal am PARC einen eher universitären Charakter hat, kommen die Mitarbeiter des SDD aus dem industriellen Umfeld[35].

Als erstes Produkt soll ein neues Textverarbeitungssystem auf Basis des „Alto" auf den Markt kommen. Allerdings scheitern die Planungen, weil die Finanzabteilung von Xerox der Auffassung ist, dass sich die Anschaffungskosten in Höhe von ca. 60.000 USD kein Unternehmen leisten kann.

1977 stellt Xerox auf der Xerox-Weltkonferenz Vertretern der Medien und den Xerox-Managern neue Produkte vor: Kopierer, Laserdrucker, Textverarbeitungsgeräte und die Workstation Xerox-8010 mit einer grafischen Benutzeroberfläche[36]. Nach der Präsentation der Geräte dauert es bis 1980 bis die Workstation am Markt käuflich zu erwerben ist.

1979 entwickelt Alan Kay am PARC seine Idee eines portablen Computers und überführt diese in ein Produkt namens „NoteTaker". Seine Vision ist es, dieses Gerät den Service-Technikern von Xerox an die Hand zu geben, so dass diese immer aktuelle Dokumentationen und Reparaturanweisungen bei sich führen und über eine Telefonleitung stets aktuell halten können. Aber das Management von Xerox verwirft dieses Projekt mit den Worten *„no one wants portability"*[37]. 1981 wird der erste tragbare Computer von Adam Osborne mit einem glänzenden Erfolg auf den Markt gebracht.

2.1.7 Neuausrichtung des PARC

Anfang der 80er-Jahre droht das PARC auseinander zu fallen. Manager mit fehlenden oder mangelhaften Führungsqualitäten leiten das PARC. Wichtige Personen der ersten Stunde verlassen das Forschungsinstitut, wechseln zur Konkurrenz oder gründen eigene Unternehmen: Alan Kay wechselt zu Apple, um seine Idee des portablen Computers weiter zu verfolgen, John Warnock gründet Adobe und Robert Metcalfe hebt 3Com aus der Taufe[38].

1985 entscheidet Xerox schließlich, nicht mehr im Geschäft der Datenverarbeitung und Personalcomputer aktiv sein zu müssen. Das PARC wird mehr an die Unternehmensstrategie von Xerox gebunden, dessen Ziel es ist, die Kopierer in vielseitige Geräte umzubauen, die *„Dokumente und Grafiken an Computer und über Telefaxgeräte übermitteln und die Hunderte von Workstations elektronisch miteinander verbinden [können]"*[39].

---

[35]Vgl. Friedewald (1999), S. 335.
[36]Vgl. Kearns/Nadler (1993), S. 106 f.
[37]Friedewald (1999), S. 340.
[38]Vgl. Stillich (2008).
[39]Kearns/Nadler (1993), S. 246.

2.2 Analyse der Managementfehler

Um Entscheidungen als Fehler eines Managers werten zu können, ist die Innenansicht in das Unternehmen notwendig[40]. Mit der Monografie von Kearns/Nadler und der Zeitgeschichte zum PARC von Friedewald ist diese Innenansicht gegeben.

Zielke klassifiziert Managementfehler in drei Gruppen: Fehler in der Unternehmensführung, Fehler bei den Führungskräften und Fehler im Krisenmanagement[41]. Die offensichtlichen Managementfehler der Mutter Xerox und des PARC werden im Folgenden diesen Gruppen zugeordnet und erläutert.

2.2.1 Fehler in der Unternehmensführung

Zu Fehlern in der Unternehmensführung gehören in erster Linie strategische Mängel, mangelnde Planung sowie fehlende Steuerung und Kontrolle[42]. Die aufgeführten Fehler lassen sich nicht klar abgrenzen und es kommt eher zu einer Vermischung.

Die Vision der „Architektur der Information" ist durch fehlerhafte strategische Entscheidungen für Xerox zu einem Desaster geworden. Steve Jobs sagt in seiner Biographie dazu: *„Das waren eben Kopiererleute, die keine Ahnung hatten, wozu Computer imstande sind. ... Xerox hätte sich die gesamte Branche in die Tasche stecken können"*[43]. Die Unternehmensstrategie ist nicht deutlich genug im Unternehmen kommuniziert worden und wird nur mittelmäßig weiter verfolgt als Xeroxs CEO, Peter McCollough, sich zunehmend in der Politik engagiert[44].

Das PARC ist nicht eng genug mit den restlichen Unternehmensteilen von Xerox verbunden, um die Akzeptanz der Forschungsarbeiten zu steigern[45]. Beim Absatz der Xerox-8010-Workstation scheitert Xerox, weil sie keine Multi-Channel-Strategie beim Vertrieb verfolgt haben. Das Management verlässt sich auf die Verkaufskraft seiner eigenen Vertriebsorganisation. Beispielsweise hat IBM seinen Personal Computer (PC) nicht nur durch eigenes Verkaufspersonal, sondern auch über Händler vertrieben[46].

In den 70er-Jahren ändert sich die Muttergesellschaft von einem marktorientierten Unternehmen zu einem finanzorientierten Unternehmen mit hoher Komplexität, in dem hauptsächlich Prozesse im Mittelpunkt stehen[47]. Dadurch werden die technologischen Möglichkeiten ausschließlich unter finanziellen Gesichtspunkten bewertet[48]. Kostspielige Marketingkampagnen, wie sie beispielsweise Apple zur Einführung des Macintosh oder IBM zuvor für ihren PC veranstaltet haben, kann sich Xerox nicht erlauben. Das Unternehmen ist

---

[40]Vgl. Ehrmann/Meiseberg (2010).
[41]Vgl. Zielke (2008), S. 12 f.
[42]Vgl. ebd., S. 13 ff.
[43]Isaacson (2011), S. 125.
[44]Vgl. Friedewald (1999); Messmer (2006), S. 8.
[45]Vgl. Kearns/Nadler (1993), S. 111.
[46]Vgl. ebd., S. 114.
[47]Vgl. ebd., S. 69.
[48]Vgl. Friedewald (1999), S. 352; Vgl. Redant (2001).

9

Mitte der 70er-Jahre durch ein Kartellverfahren, das kriselnde Geschäft mit Fotokopierern und ein mangelhaftes Qualitätsmanagement finanziell angeschlagen.

An den Produkten der Konkurrenz kann Xerox ebenfalls nicht partizipieren, denn Entwicklungen am PARC werden nicht oder nur zögerlich patentiert. Durch fehlende Patente können Firmen wie Apple, Adobe oder Microsoft diese Ideen aufgreifen und in wirtschaftlich ausgereifte Produkte verwandeln, ohne rechtliche Schritte durch Xerox oder das PARC fürchten zu müssen[49].

2.2.2 Fehler bei den Führungskräften

Wird die Führungskraft als Fehlerquelle betrachtet, so wird hier meist auf Fehlentscheidungen, interkulturelles Fehlverhalten, mangelnde Kontrolle oder eine fehlende Organisationsstruktur geachtet[50]. Allerdings kann auch wie im Falle von Xerox das Verhalten einzelner Führungskräfte zu einem Problem werden. So war bei Xerox beispielsweise Arroganz und Überheblichkeit eine Quelle für Fehlentscheidungen.

Kearns beschreibt das Auftreten der Führungskräfte bei Xerox wie folgt: *„Wenige Xerox-Manager waren mit Bescheidenheit geschlagen. Und die Ursache für ihren Erfolg lag mindestens zur Hälfte darin, daß es nicht viel Konkurrenz gab"*[51]. Ein ähnliches Bild zeigt sich auch bei den Forschern und Managern am PARC, die mit ihrem elitären Selbstbewusstsein Produkte entwickelt haben, die eher für Ingenieure und Informatiker als für den einfachen Sachbearbeiter geeignet waren[52]. Es sollte stets die Aufgabe des Managements sein, *„Trends im Mainstream zu identifizieren"*[53], die Organisation auf diese Trends hin auszurichten und die Trends in marktfähige Produkte umzuwandeln. Aufgrund der arroganten Haltung gegenüber anderen Unternehmen und den eigenen Mitarbeitern aus dem PARC sind Trends verkannt worden und das Ziel, die Bürokommunikation zu verbessern, konnte so nicht erreicht werden.

2.2.3 Fehler im Krisenmanagement

Unternehmen, die sich in einer strategischen und operativen Krise befinden, sollen durch ein gezieltes Krisenmanagement stabilisiert werden. Durch eine unzulängliche Unternehmenskultur und falsches Führungshandeln kann die Sanierung behindert bzw. das Unternehmen letztendlich vollständig vernichtet werden[54].

Mitte der 70er-Jahre befindet sich Xerox in einem harten Wettbewerb mit den Japanern, die Xerox auf dem amerikanischen Markt für Fotokopierer immer weiter Marktanteile abnehmen und qualitativ ausgereiftere Produkte im Portfolio haben. Zu diesem Zeitpunkt

---

[49]Vgl. Port (1997), S. 95.
[50]Vgl. Zielke (2008), S. 51 ff.
[51]Kearns/Nadler (1993), S. 78.
[52]Vgl. Friedewald (1999), S. 354.
[53]Kline (1974), S. 10.
[54]Vgl. Zielke (2008), S. 95 ff.

10

kämpft Xerox nicht nur gegen die Japaner, sondern auch gegen ein Kartellverfahren bzgl. der Preisgestaltung bei Xerox-Kopierern, als diese noch den US-Markt beherrschten[55]. Durch das Verfahren und den harten Wettbewerb ist Xerox wirtschaftlich angeschlagen, so dass sie keine riskanten Expansionsstrategien auf dem Markt für Informationstechnologie betreiben können.

Als 1980 die Workstation Xerox-8010 auf den Markt kommt, zeigt sich erneut, dass die elitäre Einstellung der Wissenschaftler und die mangelhafte Koordination ein Produkt hervorgebracht haben, dessen Anwendungen untereinander inkompatibel sind und preislich mit 17.000 USD deutlich über dem Preis eines Apple II mit ca. 1000 - 5000 USD liegt[56]. Der Verkauf von nur 25.000 Exemplaren lässt sich neben Produktionsengpässen auch auf strategische Fehlentscheidungen zurückführen, denn die Workstation wird ohne ein Tabellenkalkulationsprogramm und ausschließlich über die eigene Vertriebsorganisation verkauft[57]. Wie wichtig zu dieser Zeit Tabellenkalkulationsprogramme sind, zeigt Apples Exklusivrecht an Microsofts Tabellenkalkulation und die Unterbindung der Entwicklung einer Version für den PC von IBM, um das Alleinstellungsmerkmal für die Apple-Produkte zu sichern[58].

[55]Vgl. Kearns/Nadler (1993), S. 77; Port (1997), S. 98.
[56]Vgl. Friedewald (1999), S. 310 u. 350; Redant (2001); Ohne Verfasser (1998).
[57]Vgl. Friedewald (1999), S. 350.
[58]Vgl. Isaacson (2011), S. 205 ff.

3 Gründe für typische Managementfehler

Wirtschaftspsychologen untersuchen die Ursachen für typische Managementfehler. Ähnlich wie Ehrmann/Meiseberg verurteilt Gleißner Managementfehler grundsätzlich nicht, sondern führt die Fehlentscheidungen auf komplexe Situationen zurück, denen der Unternehmer bzw. Entscheider nicht gewachsen ist. Dieser hat im Rahmen seiner Entscheidungskompetenz, mit den erhobenen Informationen und dem einschlägigen Wissen die beste Entscheidung zu diesem Zeitpunkt getroffen[59].

Im Folgenden werden die psychologischen Aspekte betrachtet, die bei Managementfehlern in die Entscheidungsfindung hineinspielen. Anschließend wird der Bezug zu Xerox PARC und den dort getroffenen Fehlentscheidungen hergestellt und die Frage erörtert, ob Xerox zum damaligen Zeitpunkt den Informationsstand und die richtigen Manager hatte, um die korrekten Entscheidungen treffen zu können.

3.1 Die Komplexität unternehmerischer Entscheidungen

Gleißner stellt die These auf, dass *„die meisten Menschen ... beim Handeln in komplexen Situationen – unabhängig von Kompetenz und Intelligenz – schwere, systematische Fehler [machen]"*[60]. Aufgrund der komplexen Situationen, denen sich Entscheider stellen müssen, können Managementfehler nur bewertet werden, wenn es eine Innenansicht des Unternehmens gibt, denn Managementfehler lassen sich von außen nur schwer beobachten[61].

Das liegt daran, wie sich komplexe Situationen darstellen, denn der Entscheider hat kein einfaches Problem vor sich, sondern hat es mit der *„Komplexität und Vernetztheit der relevanten Variablen, Intransparenz bezüglich der stochastischen Wirkungszusammenhänge sowie Eigendynamik der Umwelt und Irreversibilität (Pfadabhängigkeit) der Handlungen"*[62] zu tun. So lässt sich bei Entscheidungen beispielsweise nicht immer abschätzen, welche Auswirkungen diese auf das Image des Unternehmens haben oder welche Gegenmaßnahmen die Konkurrenz einleiten wird[63]. Komplexe Situationen führen beim Menschen zu schwerwiegenden, systematischen Fehlern:

Fehlgeleitete Vereinfachung: Um schnell eine Entscheidung treffen zu können, greift der Mensch auf die Anwendung fester, bestimmter Handlungsregeln zurück. Diese Art

---

Vgl. Ehrmann/Meiseberg (2010); Gleißner (2003), S. 69.
Ebd.
Vgl. Ehrmann/Meiseberg (2010).
Gleißner (2003), S. 69.
Vgl. ebd.

der Vereinfachung wird auch „Methodismus" genannt. Waren Handlungsweisen in der Vergangenheit insbesondere in Krisensituationen erfolgreich, so wird versucht, diese auch auf zukünftige Situationen anzuwenden, selbst wenn die Umwelteinflüsse sich geändert haben[64]. Zu einem Fehler wird der Methodismus, wenn der Handelnde sich keine Gedanken mehr zu den Anwendungsvoraussetzungen bestimmter Handlungsmuster macht[65].

Fehlende Erinnerung: Das Gedächtnis des Menschen altert und wird vergesslich. *„Informationen über die Gegenwart sind wesentlich detaillierter verfügbar als solche über die Vergangenheit. Dies bewirkt, dass Menschen mit der Analyse und Prognose von Zeitabläufen erhebliche Schwierigkeiten haben"*[66].

Falsche Einschätzung: Die Qualität von unternehmerischen Entscheidungen hängt im Wesentlichen von der richtigen Einschätzung der Eintrittswahrscheinlichkeiten bestimmter Ereignisse ab. Dem Menschen fehlt aber die Möglichkeit einer objektiven Einschätzung von Ereignissen. So werden manche Ereignisse dramatisch überschätzt und wirklich dramatische Ereignisse und deren Auswirkungen eventuell falsch kalkuliert[67].

Selektive Informationsaufnahme: Menschen nehmen neue Informationen selektiv auf. Das liegt daran, dass bei der Aufnahme der Information diese nicht neutral registriert, sondern direkt bewertet und interpretiert wird[68]. Dieser Vorgang führt unweigerlich zu Informationsdefiziten und -asymmetrien. Eine einmal gefasste Meinung über die Umwelt lässt sich so nur schwer revidieren und führt unweigerlich zu Fehlentscheidungen.

Sunk-Cost-Effekt: Der „Sunk-Cost-Effekt" beschreibt die Theorie, dass Menschen um so länger an einer Handlungsalternative (beispielsweise einem Investitionsprojekt oder einer Marketingkampagne) festhalten, je mehr Geld, Zeit oder Arbeitskraft in der Vergangenheit investiert worden ist. Laut Gleißner ist der „Sunk-Cost-Effekt" umso größer, je höher der Investitionsanteil an den Gesamtkosten ist (Geld), je weiter der Investitionszeitraum oder die Handlung fortgeschritten ist (Zeit), je seltener Menschen eine vergleichbare Situation erlebt haben und je unklarer die Situationen und Handlungsalternativen sind[69].

3.2 Umgang mit komplexen Situationen

Wichtig ist es, die oben aufgezeigten Fehler zu begrenzen bzw. zu vermeiden. Die Kompetenz zur Vermeidung hängt dabei nicht von Intelligenz oder Motivation ab, sondern von

---

[64]Vgl. Gleißner (2003), S. 70.
[65]Vgl. ebd.
[66]Ebd.
[67]Vgl. ebd.
[68]Vgl. ebd.
[69]Vgl. ebd., S. 71.

der Erfahrung im Umgang mit komplexen Situationen. Weiterhin ist zu beachten, dass bestimmte Handlungsweisen nur unter bestimmten Bedingungen einen Fehler darstellen[70].

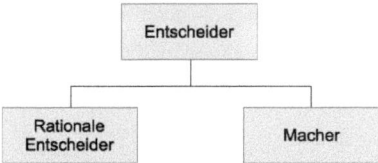

Abbildung 3.1: Typen von Entscheidern
In Anlehnung an: Gleißner (2003), S. 71[71]

Entscheider lassen sich vereinfacht in zwei Typen klassifizieren, die unterschiedliche Fehler begehen. Auf der einen Seite gibt es die rationalen, risikoscheuen und eher lernbereiten Entscheider und auf der anderen Seite die selbstbewussten, risikofreudigen „Macher", die auf bewährte Methoden setzen[72]. Gleißner bewertet dies mit den Worten: *„Der Erfolg von Unternehmen hängt also auch wesentlich von den individuellen Charakteristika der ... Führungspersonen ab, speziell deren Fähigkeiten, typische 'Denkfallen' zu erkennen und die eigenen Verhaltensweisen kritisch zu hinterfragen"*[73].

3.3 Komplexe Situation bei Xerox

Um zu verstehen, warum Xerox es nicht geschafft hat, die Ideen des PARC in marktfähige Produkte umzusetzen, muss ein Blick auf die Situation geworfen werden, in der sich Xerox Mitte der 70er-Jahre befunden hat. Das Unternehmen hatte zu dieser Zeit mit drei großen Problemen zu kämpfen: dem Kartellverfahren durch die Federal Trade Commission (FTC), neuen Wettbewerbern aus dem Inland und Japan sowie massiven Qualitätsmängeln an den eigenen Produkten, die bei den Kunden vielfach zu einem Wechsel zur Konkurrenz führten.

Xerox ist mit dem Verkauf und später auch mit der äußerst rentablen Vermietung von Fotokopierern in den 60er-Jahren zu einem der wertvollsten Unternehmen aufgestiegen: von einer Hinterhofwerkstatt zu einem Fortune-500-Unternehmen. Mit den Beschäftigten sollten neue Marktgebiete in der Digitaltechnologie erschlossen werden, mit denen die Vertriebsorganisation seitens Xerox keine Erfahrung hatte. Es ist festzuhalten, dass Xerox sich in einer komplexen Situation befand, die sich nicht einfach lösen ließ. Die aufstrebende Digitaltechnologie wurde von Xerox noch nicht als rentable Investition gesehen[74].

[70]Vgl. Ehrmann/Meiseberg (2010); Gleißner (2003), S. 71.
[71]Vgl. ebd..
[72]Vgl. ebd.
[73]Ebd.
[74]Vgl. Kearns/Nadler (1993), S. 85.

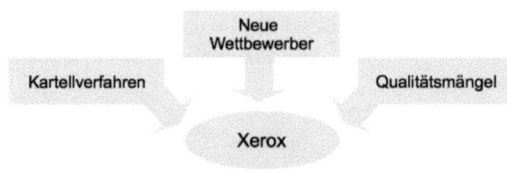

Abbildung 3.2: Druck auf Xerox

Bei der Lösung seiner Probleme achtete Xerox in erster Linie auf einen guten Ausgang des Kartellverfahrens, um das einträgliche Geschäft mit der Vermietung der Kopierer inkl. Verbrauchsmaterial nicht durch einen weiteren Imageschaden zu vernichten. So war die Vetriebsorganisation Anfang der 70er-Jahre damit beschäftigt, die Bestandskunden zu beschwichtigen und zu halten, das Management musste zu Anhörungen der FTC und die Rechtsabteilung war mit dem Zusammenstellen entlastender Unterlagen beschäftigt.

Durch den starken Wettbewerb mit den Japanern wie Ricoh und Canon und heimischen Wettbewerbern wie IBM oder Kodak auf dem amerikanischen Markt für Fotokopierer schrumpfte der Marktanteil für Xerox auf deutlich unter 20 % und somit auch der finanzielle Spielraum. Qualitätsmängel in den Produkten sorgten dafür, dass die Kunden zur Konkurrenz wechselten.

Da im Unternehmen hauptsächlich „Macher" im Management tätig waren, trafen hier insbesondere die in Kapitel 3.1 genannten Aspekte zusammen: Riskante Expansionsstrategien wurden zu Gunsten des klassischen Kerngeschäfts vermieden und stattdessen wurde weiteres Geld in das kriselnde Geschäft mit Fotokopierern gesteckt („Sunk-Cost-Effekt"). Die Krise in diesem Marktsegment hat die Sicht des Managements auf zukunftsträchtige, neue Geschäftsfelder eingeengt, so dass die Vision der „Architektur der Information" in den Hintergrund gerückt ist.

Letztendlich hat das Verhalten der Manager bei Xerox und die mangelnde Integration des PARC in die restlichen Unternehmensbereiche zum Zerfall des PARC und zur Aufgabe der angewandten Forschung im Bereich der Digitaltechnologie geführt. Die Ablehnung der Ideen durch das Xerox Management hat für die Forscher am PARC verheerende psychologische Wirkungen gehabt[75]. Fehlende Wertschätzung und die selektive Wahrnehmung der Informationen durch das Management sind die hier gemachten Managementfehler, die in einer solchen Krisensituationen unbedingt hätten umgangen werden müssen[76].

---

[75]Vgl. Friedewald (1999), S. 335.
[76]Vgl. Messmer (2006), S. 8 - 11.

4 Fazit und Ausblick

Die vorliegende Arbeit zeigt, dass es kein *optimales Verfahren zur Optimierung der unternehmerischen Entscheidungen*[77] gibt und dass Managementfehler nur in der Retrospektive beurteilt werden können, wenn eine innere Sicht auf das Unternehmen besteht. Aufgrund der komplexen Situation eines Unternehmens ist für den Manager zum Zeitpunkt der Entscheidung die getroffene Wahl aus seiner Sicht richtig. Erst in der Zukunft stellt sich heraus, ob die eingeleiteten Maßnahmen die gewünschten Effekte haben. Kapitel 2.2 hat gezeigt, welche Managementfehler die technische Revolution durch Xerox unterdrückt haben. Dabei lassen sich Managementfehler auf drei ursächliche Quellen zurückführen: die Unternehmensführung, die Führungskräfte und das fehlgeleitete Krisenmanagement.

Der Unternehmensführung von Xerox war durchaus bewusst, welche Leistungen die Forscher am PARC erbracht haben. Anders lässt sich nicht erklären, dass Xerox versucht hat, die Erfindungen als Produkte zu vermarkten. Dabei zeigt sich aber auch, dass neben einer guten Idee auch eine gute Umsetzung notwendig ist[78], denn die Produkte sind an den Zielgruppen vorbei entwickelt worden. Dennoch gilt die Xerox-8010-Workstation immer noch als ein technisches Meisterwerk, das seiner Zeit voraus war. Findet das revolutionäre Produkt jedoch keine Akzeptanz in der Öffentlichkeit oder beim Management, kann dies für ein Unternehmen ebenfalls zum Problem werden.

Fehler in der Unternehmensführung lassen sich nicht vermeiden. Auch eine eingehende Analyse vergangener Fehler sorgt nicht dafür, dass Fehlentscheidungen und Fehlprognosen weiterhin vorkommen. Dies hängt mit der Komplexität der Situation und dem eingeschränkten menschlichen Vermögen, Informationen vollständig und ungefiltert aufzunehmen und zukünftige Ereignisse korrekt prognostizieren und bewerten zu können, zusammen.

Daher kann abschließend gesagt werden, dass aus den Managementfehlern bei Xerox bzw. am PARC andere Unternehmen lernen können, es aber nicht auszuschließen ist, dass sie situativ bedingt vergleichbare Fehlentscheidungen treffen werden. Bestimmte Arten von Fehlentscheidungen werden sich immer wiederholen und zwar in erster Linie Entscheidungen, die den Eintritt von zukünftigen Ereignissen/Markt-Trends und das rechtzeitige Abbrechen von Investitionsprojekten betreffen.

Wirtschaftspsychologen weisen darauf hin, dass Managementfehler abgemildert werden können. So ist es wichtig, durch regelmäßige Marktforschung zukünftige Trends zu ermitteln. Im Zuge der Evaluierung müssen kalkulierbare Risiken eingegangen werden, um

---

[77]Isaacson (2011), S. 74.
[78]Vgl. ebd., S. 126.

dauerhaft Erfolg am Markt zu haben und ggf. ein neues Marktsegment als „First Mover" zu erschließen[79].

Um eine einseitige Sicht zu vermeiden, sollte auf eine heterogene Zusammensetzung des Managements geachtet werden. Bedingt durch die unterschiedlichen Charakteristika von „rationalen Entscheidern" und „Machern" kompensiert die gemischte Zusammensetzung potenzielle Fehlentscheidungen (vgl. Kapitel 3.2). Visionen einzelner Manager sollten nur umgesetzt werden, sofern Arroganz gegenüber den Wettbewerbern, den eigenen Mitarbeitern und neuen Ideen vermieden wird. Ansonsten wird der Blick zu sehr eingeschränkt und der Zeitpunkt zur Einführung von neuen, innovativen Produkten wird verpasst oder diese Ideen nur in Form von mangelhaften Produkten umgesetzt.

---

[79]Vgl. den Markt für Tablets, der erst durch Apple geschaffen worden ist.

Literaturverzeichnis

Allen, P. (2011): Idea Man. Frankfurt/ New York: Campus Verlag

Brown, J. S. (1991): Research That Reinvents the Corporation. Harvard Business Review, 69, Nr. 1, S. 102 – 110

Castelluccio, M. (2004): Writing on the Screen. Strategic Finance, 85, Nr. 11, S. 59 – 60

Ehrmann, T./Meiseberg, B. (2010): Mythos Managementfehler. Financial Times Deutschland Ausgabe vom 03.11.2010

Friedewald, M. (1999): Der Computer als Werkzeug und Medium: Die geistigen und technischen Wurzeln des Personal Computers. Berlin: Diepholz Verlag

Gleißner, W. (2003): Die Psychologie unternehmerischer Entscheidungen. Wirtschaftspsychologie aktuell, Ausgabe 2/2003, S. 69 – 74

Hartmann, C. (2011): A brief, early history of Xerox PARC and the development of the personal computer. ⟨URL: http://hightechhistory.com/2011/06/ 02/a-brief-early-history-of-xerox-parc-and-the-development-of-the\ -personal-computer/⟩ – besucht am 27.11.2012 19:25 Uhr

Hayes, F. (2007): THE TOP 10 PRODUCTS OF THE PAST 40 YEARS. Computerworld, 41, Nr. 27/28, S. 20

Hiltzik, M. A. (2009): Dealers of Lightning: Xerox PARC and the Dawn of the Computer Age. HarperCollins e-books (nicht zitiert)

Isaacson, W. (2011): Steve Jobs. München: Bertelsmann

Kearns, D. T./Nadler, D. A. (1993): XEROX aus der Asche: Niedergang und Wiederaufstieg einer Weltfirma. Frankfurt/ New York: Campus Verlag

Kincade, K. (1995): Twenty-five years at Xerox PARC. Laser Focus World, 31, Nr. 12, S. 45

Kline, J. B. (1974): PERSONAL STRATEGY GUIDELINES TO AVOID BUSINESS FAILURE. Journal of Small Business Management, 12, Nr. 3, S. 10 – 14

König, A./Pratt, M. K. (2010): Wie Führungskräfte ihre Mitarbeiter vertreiben. ⟨URL: http://www.cio.de/karriere/personalfuehrung/858440/⟩ – besucht am 07.12.2012 21:35 Uhr (nicht zitiert)

Messmer, M. (2006): Seven Mistakes to Avoid as a Manager. Strategic Finance, 87, Nr. 9, S. 8 – 11

Metz, C. (2005): Whose Idea Was It?. PC Magazine, 24, Nr. 19/20, S. 130 – 131

Ohne Verfasser: Focus Areas. ⟨URL: http://www.parc.com/services/focus-areas.html⟩ – besucht am 27.11.2012 18:10 Uhr (nicht zitiert)

Ohne Verfasser: Xerox PARC history. ⟨URL: http://www.parc.com/about/⟩ – besucht am 27.11.2012 19:30 Uhr (nicht zitiert)

Ohne Verfasser (1998): Industry innovations: the best and the brightest. InfoWorld, 20, Nr. 43, S. 14

Patalong, F. (2001): Xerox PARC: Rubel statt Ruhm. ⟨URL: http://www.spiegel.de/netzwelt/tech/xerox-parc-rubel-statt-ruhm-a-172521.html⟩ – besucht am 27.11.2012 19:15 Uhr

Patterson, L. (1997): Two Failures That Seeded The Valley. (cover story). Forbes, 159, Nr. 11, S. 54 – 55

Pisano, G. P. (2010): The evolution of science-based business: innovating how we innovate. Industrial & Corporate Change, 19, Nr. 2, S. 465 – 482

Port, O. (1997): XEROX WONT DUPLICATE PAST ERRORS. BusinessWeek,, Nr. 3546, S. 98 – 103

Port, O. (1999): THE UNSUNG HEROES OF THE PC AGE. BusinessWeek,, Nr. 3629, S. 20 – 21

Redant, J. (2001): HCI Review of the Xerox Star. ⟨URL: http://xeroxstar.tripod.com⟩ – besucht am 27.11.2012 19:30 Uhr

Rothkopf, M. H. (2000): Under the Mike-R-Scope: What Happened at Xerox PARC?. Interfaces, 30, Nr. 6, S. 91 – 94

Savitz, E. (2011): Xerox PARC: Still Inventing Cool New Stuff After All These Years. Forbes.com,, S. 33

Smith, D. K. (1999): Fumbling the Future. iUniverse (nicht zitiert)

Smith, D. K./Alexander, R. C. (1989): Das Milliarden-Spiel: Xerox's Kampf um den ersten PC. Düsseldorf: ECON Verlag

Stillich, S. (2008): Die wahren PC-Erfinder: Weltherrschaft verschlafen. ⟨URL: http://einestages.spiegel.de/static/topicalbumbackground/3046/weltherrschaft_verschlafen.html⟩ – besucht am 27.11.2012 19:09 Uhr

Zielke, C. (2008): Die häufigsten Managementfehler. 2. Auflage. München: Haufe Verlag